SOMMAIRE

I. Introduction

A. Définition des pierres précieuses

B. Symbolique et Pouvoir

C. L'Histoire des pierres précieuses

D. Utilisation, tradition et culture

II. Les pierres précieuses et leurs propriétés

A. La composition des pierres précieuses

B. Les Quatre C : Coupe, Couleur, Carat et Clarté

C. Les différents types de pierres précieuses et leur signification

D. Les Pierres Précieuses les plus célèbres et rares

III. Pratiques spirituelles et bienfaits

A. Les propriétés curatives ; guérison et chakras

B. Techniques de soins et utilisation

C. Pratique de nettoyage et de rechargement

D. Conclusion; pierres précieuses mythe ou réalité

Introduction

Bienvenue dans cet ebook captivant sur le monde des pierres précieuses !

Depuis l'aube de l'humanité, ces joyaux rares et scintillants, ont fasciné les hommes et les femmes, suscitant admiration et émerveillement à travers les cultures du monde.

Leur beauté envoûtante, leurs propriétés uniques et leurs histoires mystérieuses, ont fait de ces pierres des objets de désir convoités, des symboles de pouvoir, de richesse et de spiritualité.

Au fil des pages de ce livre, nous plongeront dans l'univers des "gemmes" les plus prisés, découvrant leurs origines géologiques, les significations culturelles et les croyances qui leur ont été associés au cours des siècles.

Nous explorerons aussi leur rôle dans les rituels sacrés et les récits mythologiques dans différentes civilisations.

Que vous soyez simplement un amateur passionné, un collectionneur averti ou juste curieux d'en apprendre d'avantage, ce livre est fait pour vous. Préparez vous à être émerveillé par l'éclat de ces trésors de la nature, et à en découvrir les secrets.

Que l'aventure commence !!!!

QU'EN EST T'IL VRAIMENT DE LA SIGNIFICATION DE "PIERRE PRÉCIEUSE"?

Une pierre précieuse c'est quoi ?

D'après ce que l'on sait, les pierres précieuses sont des minéraux naturels qui ont été taillés et polis pour être utilisés dans la fabrication de bijoux, de décorations et d'objets d'art.

Les pierres précieuses sont caractérisées par leur beauté, leur rareté et leur durabilité, ainsi que par leur valeur économique.

Les plus connues sont le diamant, le rubis, le saphir et l'émeraude.

Cependant, il existe de nombreuses autres pierres qui sont tout aussi belles et précieuses que les quatre joyaux traditionnels, telles que l'aigue-marine, l'améthyste, la topaze, le grenat et la tourmaline, pour n'en nommer que quelques -unes ...

Les critères d'évaluation varient selon la pierre, la couleur, la pureté, la taille, et le poids en carats.

Certaines pierres précieuses, comme la perle, ne sont même pas des minéraux mais sont produites par des organismes vivants (entre autres l'huître, dont vous avez sûrement déjà connaissance).

Celles - ci peuvent varier considérablement en taille, en couleur et en qualité, ce qui peut avoir un impact significatif sur leur valeur. Ces joyaux de grande taille et de haute qualité sont souvent très recherchés et peuvent se vendre à des prix extrêmement élevés.

En fin de compte, les pierres précieuses sont appréciées pour leur beauté, leur rareté et leur symbolisme culturel depuis des années.
Ainsi que pour leur valeur économique. Que ce soit pour offrir en cadeau, pour porter comme bijoux ou pour ajouter à une collection, celles-ci continueront de fasciner les gens du monde entier.

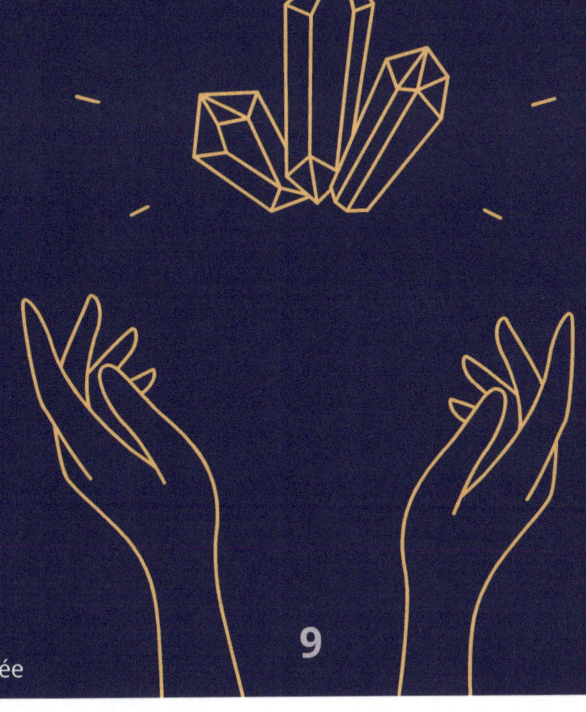

POUVOIR ET SYMBOLIQUE

Les pierres précieuses ont été associées à de nombreux pouvoirs et significations symboliques depuis des milliers d'années. Voici quelques exemples courants

Pouvoir de guérison

Certaines pierres sont produites comme ayant des propriétés curatives et peuvent être utilisées à des fins thérapeutiques.
Par exemple, l'améthyste est souvent utilisée pour favoriser la détente et la paix intérieure, tandis que l'aventurine est considérée comme une pierre qui favorise la guérison émotionnelle.

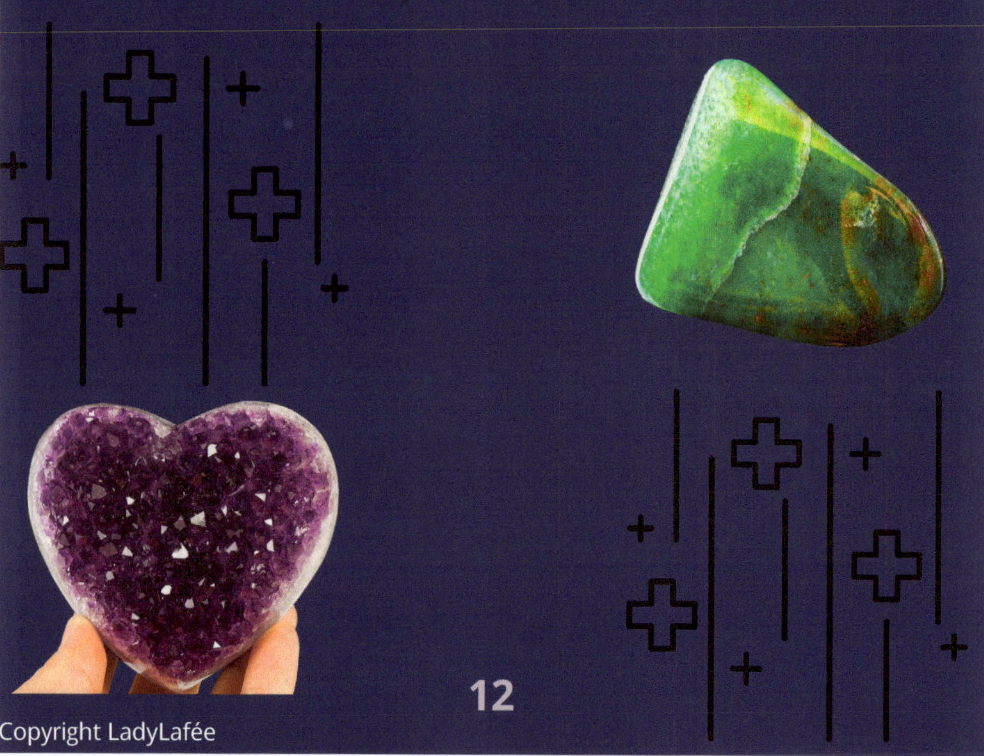

12

Pouvoir de protection

Certaines pierres précieuses ont des propriétés protectrices contre les énergies négatives et les forces malveillantes.
Par exemple, la tourmaline noire est souvent utilisée pour protéger contre les ondes électromagnétiques nocives, tandis que la labradorite est considérée comme une pierre de protection qui aide à bloquer les énergies négatives.

Pouvoir de renforcement

Certaines pierres sont dotées comme ayant des propriétés qui peuvent aider dans certaines qualités personnelles ou aider à atteindre des objectifs spécifiques.
Par exemple, la citrine est souvent considérée comme une pierre de manifestation qui peut aider à favoriser la prospérité et la réussite, tandis que l'agate est considérée comme une pierre de stabilité qui peut aider à renforcer la confiance en soi.

14

Cependant, il est important de noter que les pouvoirs attribués aux pierres précieuses sont souvent basés sur des croyances populaires, spirituelles ou ésotériques.

Leur utilisation est donc souvent considérée comme relevant de la médecine alternative ou de la spiritualité plutôt que de la médecine conventionnelle.

POUR LA PETITE HISTOIRE...

Depuis des milliers d'années, les gens ont été attirés par la beauté et la rareté des pierres précieuses.
Les anciens Égyptiens et Romains les utilisaient pour la décoration et les bijoux, tandis que les Grecs croyaient qu'elles avaient des pouvoirs magiques et pouvaient guérir les maladies.

Au fil des siècles, les pierres précieuses sont devenues de plus en plus populaires dans les cultures.
Les explorateurs ont voyagé dans le monde entier pour découvrir de nouvelles pierres et les rapporter dans leur pays d'origine.
Les diamants, en particulier, sont devenus très populaires à partir du XVe siècle, en grande partie grâce à la demande de l'élite européenne.

Il existe de nombreuses sortes de pierres, chacune ayant ses propres caractéristiques uniques.

Elles sont généralement classées en deux catégories principales : les pierres naturelles et les pierres synthétiques.

Les pierres précieuses naturelles sont formées du coup naturellement dans la croûte terrestre, tandis que les pierres précieuses synthétiques sont fabriquées en laboratoire.

Au cours des derniers siècles, les techniques d'extraction et de traitement des pierres se sont améliorées, permettant de découvrir de nouveaux gisements et de produire des pierres synthétiques en laboratoire. Elles continuent d'être appréciées pour de multiples raisons.

Cependant, les préférences individuelles jouent un rôle important, et certaines personnes peuvent être attirées par des pierres moins courantes en raison de leur signification personnelle ou de leur rareté unique.

TRADITION & CULTURE DANS LE MONDE

21

Ce chapitre nous emmène dans un voyage à travers le temps, pour découvrir comment les pierres précieuses ont étés importantes dans différentes cultures.

Ces joyaux ne sont pas seulement beaux, ils ont aussi une signification spéciale pour les gens du passé et d'aujourd'hui.

Chaque gemme a sa propre histoire, façonnée par les croyances, les coutumes et les rituels des civilisations qui les ont chéries.

Alors venez faire le tour de certains pays et explorez comment ceux-ci utilisent ces pierres.

Exemple de tradition et culture de certains pays

Inde : En Inde, les pierres précieuses ont une place importante et sont étroitement liées à l'astrologie.
Le rubis est considéré comme la "Pierre des Rois" et est associé au pouvoir et à la protection.
Les saphirs sont considérés comme la pierre de la vérité et de la sagesse, tandis que les émeraudes sont considérées comme la pierre de la fertilité et de l'espoir.
Les pierres précieuses sont également utilisées à des fins thérapeutiques dans la médecine ayurvédique.

Chine : **En Chine, le jade est considéré comme la pierre de la chance et de la longévité.**

Les coraux sont sacrés pour la protection contre le malheur et les mauvais esprits, tandis que les perles sont utilisées comme des pierres de sagesse et de pureté.

Egalement offert lors d'occasions spéciales, pour exprimer respect et affection.

Parfois aussi utilisées pour attirer l'énergie positive dans l'environnement avec la méthode "Feng Shui".

  Aux États-Unis, le diamant est souvent associé à l'amour éternel et est souvent utilisé pour les bagues de fiançailles et les alliances.

Les pierres précieuses telles que le saphir et l'émeraude sont également populaires pour les bijoux de haute qualité.

Elles sont également utilisées pour la guérison et le bien être.

Parfois leur utilisation est seulement en collection ou bien pour montrer son statut social.

Brésil : **Le Brésil est connu pour ses mines de pierres précieuses, en particulier de l'améthyste, de l'aigue-marine, de la tourmaline et de l'émeraude.**

Les pierres précieuses brésiliennes sont très prisées dans le monde entier pour leur beauté et leur qualité.

C'est l'un des principaux pays qui produit et exporte les pierres dans le monde et est réputé pour leur coloration.

  La Russie est principalement connue pour la fabrication des oeufs de Fabergé.

Créations exceptionnelles offertes à la famille impériale russe.

Ces oeufs sont souvent ornés de pierres précieuses et de métaux, ce qui était un cadeau somptueux pour ceux qui avaient la chance de se le faire offrir.

Japon : Utilisées exclusivement pour les sculptures traditionnelles comme les figurines de l'art japonais "netsuke" fait principalement avec le jade et exploitées pour orner les vêtements traditionnels.

Les pierres semi-précieuses comme l'agate et l'améthyste sont quant à elles utilisées pour parfaire les jardins et apporter une esthétique apaisante.

Afrique : De nombreux pays africains comme l'Afrique du Sud, le Botswana et l'Angola jouent un rôle essentiel dans la production mondiale de diamants de haute qualité.
Ils sont ensuite utilisés dans l'industrie à l'échelle internationale.

 Ce pays est connu pour abriter les opales et saphir de qualité. Les opales sont vénérées pour leur couleurs chatoyantes et leur caractère unique en particulier les opales noires. L'Australie produit également une variété de saphirs de couleurs différentes. L'industrie australienne des pierres précieuses est régie par des réglementations strictes pour garantir l'authenticité et la qualité des pierres.

France : En France, l'utilisation des pierres précieuses remonte à l'Antiquité, avec des bijoux souvent associés à la royauté et la noblesse. Aujourd'hui, elles sont utilisées dans les joailleries, tant pour leur beauté que pour leur valeur. Paris est particulièrement renommée pour ses bijoutiers de luxe, et ces pierres peuvent être utilisées dans des bijoux personnalisés. La réglementation française impose des normes de certification pour garantir l'authenticité des pierres vendues sur le marché.

En résumé, les pierres précieuses occupent une place significative dans les cultures, depuis des millénaires, elles ont étés vénérées, utilisées et transmises de génération en génération, témoignant de leurs valeurs tant symbolique, qu'esthétique.

Chaque culture a développé ses propres croyances et significations autour de ces gemmes scintillantes, créant ainsi un héritage diversifié et riche en tradition.

Ces exemples montrent comment ces pierres sont profondément enracinées dans les cultures et traditions de divers pays et comment elles sont utilisées pour exprimer la spiritualité, la richesse, la beauté et la symbolique à travers le monde.

PIERRES PRÉCIEUSES ET LEUR PROPRIÉTÉS

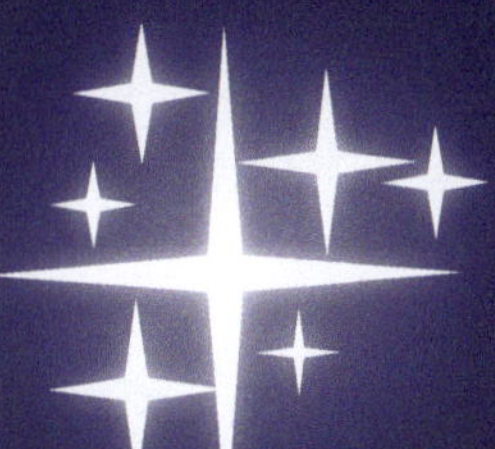

Composition

Les pierres précieuses sont de véritables trésors de la nature, formées à partir de minéraux sous des conditions extraordinaires.

Ces pierres appelées "Gemmes", se développent dans les profondeurs de la Terre, subissant des pressions et des températures extrêmes sur de longues périodes.

Chaque pierre précieuse a une composition chimique unique qui lui donne des caractéristiques particulières.

Les diamants, par exemple, se composent principalement de carbone pur, ce qui leur donne leur éclat incomparable.

Les émeraudes, elles, doivent leur vert éblouissant à la présence de chrome dans leur structure cristalline.

Les rubis et les saphirs, quant à eux, partagent une base de corindon, mais c'est la présence de traces de chrome qui donne aux rubis leur teinte rouge profonde. Tandis que les saphirs tirent leur éventail de couleurs du titane et d'autres éléments traceurs.

Ces précieuses "Gemmes", avec leur compositions uniques, ajoutent une touche de mystère et de beauté à notre monde.

Les 4 C : Coupe, Couleur, Carat et Clarté
Qu'en est t'il ?

36

Les quatre C sont un ensemble de critères essentiels utilisés pour évaluer la qualité et la valeur des pierres précieuses, en particulier des diamants. Chaque "C" représente un aspect de la pierre.

La Coupe : se réfère à la façon dont la pierre est taillée, ce qui influe sur sa brillance et son éclat. Une coupe bien exécutée permet à la lumière de se refléter de manière optimale, créant ainsi un jeu de lumière spectaculaire

La Couleur : fait référence à la teinte de la pierre. Dans le cas des diamants, la présence de nuances de couleur peut influencer considérablement sa valeur. Les diamants sans couleur ou avec une teinte très légère sont souvent considérés comme plus précieux.

La Clarté : évalue les éventuelles imperfections internes et externes présentes dans la pierre (inclusions, marques). Une clarté plus élevée signifie que la pierre est plus propre et a moins d'imperfections visibles à l'œil nu, ce qui peut contribuer à sa brillance.

Le Carat : est une mesure du poids de la pierre, Une carat équivaut à environ 0.2g. Le poids influence la taille de celle-ci mais aussi sa rareté et sa valeur. Les pierres de plus gros carats sont généralement plus rares et précieuses.

En combinant l'évaluation de ces 4 critères, les experts en gemmologie peuvent fournir une estimation complète de la qualité et de la valeur d'une pierre précieuse, ce qui aide les acheteurs à prendre des décisions éclairées lors de l'achat de ces joyaux.

TYPE DE PIERRE POUR VOTRE SIGNE ASTRO

Bélier

citrine,grenat,cornaline,grenat
,jaspe rouge, aventurine,
améthyste,aigue marine...

Taureau

quartz rose, péridot, pyrite,calcite,
émeraude, jaspe,tourmaline...

Gémeaux

jade, agate bleue, quartz, oeil de chat,
onyx, topaze, fluorite...

Cancer

pierre de lune, perle, citrine, ambre,
oeil de tigre, obsidienne, améthyste...

Lion

grenat, oeil du tigre, cornaline,ambre, diamant, citrine, pierre du soleil

Vierge

jaspe rouge, jade, kyanite, agate, onyx, topaze, oeil de chat

Balance

lépidolite, quartz rose, émeraude, jaspe, tourmaline, sodalite, nacre

Scorpion

quartz fumé, tourmaline noire, grenat, rubis, citrine, onyx, améthyste

Sagittaire

sodalite, séraphinite, saphir, amétrine, lépidolite, turquoise

Capricorne

azurite, malachite, hématite, obsidienne, tourmaline, oeil du tigre, jaspe, améthyste

Verseau

angélite, merlinite, quartz, obsidienne, tourmaline, larme d'apache

Poissons

fluorite, aigue-marine, améthyste, saphir, nacre, perle, lapis-lazuli

PURIFIER ET RECHARGER LES PIERRES

Avant d'utiliser une pierre précieuse, il est recommandé de la purifier pour éliminer toutes les énergies négatives accumulées.
Voici quelques méthodes courantes pour Purifier les pierres précieuses :

Eau salée : placez la pierre dans de l'eau salée pendant plusieurs heures, puis rincez-la à l'eau courante.

Lumière du soleil : placez la pierre au soleil pendant quelques heures pour la purifier et la recharger.

Fumigation : brûlez de l'encens ou de la sauge et passez la pierre à travers la fumée

Terre : enfouissez la pierre dans la terre pendant quelques heures ou toute la nuit.

Eau courante : tenez la pierre sous l'eau courante pendant quelques minutes.

Il est important de noter que certaines pierres précieuses ne doivent pas être immergées dans de l'eau ou exposées à la lumière directe du soleil, car cela peut les endommager. Vérifiez toujours les recommandations spécifiques pour chaque pierre précieuse avant de la purifier.

Comme les pierres nous transmettent leurs bienfaits par l'énergie, à leur contact nous transmettons la nôtre également.

Lorsque l'on est négatif ou ce qui nous entoure, cela se transmet dans la pierre et donc il faut la purifier pour se débarrasser de cette mauvaise énergie

Lorsque vous accueillerez une pierre chez vous, prenez le temps de la purifier, car elle aura été en contact avec de nombreux lieux et personnes depuis sa sortie de la terre Mère.

good day

good MOOD

La purifier lui permettra de prendre un nouveau départ pour sa nouvelle vie à vos côtés.

Pour les pierres que vous utilisez souvent il est préférable de les purifier et recharger au moins 1 fois par mois. A la pleine lune par exemple

Les pierres précieuses, comme les cristaux, ont des propriétés énergétiques qui peuvent s'affaiblir avec le temps ou à force d'utilisation. Lorsque vous utilisez une pierre pour des pratiques de guérison ou de méditation, elle peut absorber des énergies négatives, des blocages émotionnels ou des perturbations environnementales. Le rechargement permet de nettoyer et de renforcer les propriétés énergétiques de la pierre, pour qu'elle retrouve son énergie naturelle et qu'elle puisse continuer à vous apporter ses bienfaits.

Loading...

Le rechargement des pierres précieuses peut également aider à équilibrer et à harmoniser les chakras et les énergies du corps. En utilisant une pierre qui a été rechargée et nettoyée, vous pouvez améliorer votre état émotionnel et physique, augmenter votre intuition et votre créativité, et renforcer votre système immunitaire.

Il existe plusieurs méthodes pour Recharger les pierres précieuses, voici quelques-unes des plus courantes :

La Lumière Solaire

Placez la pierre au soleil pendant quelques heures, de préférence le matin ou le soir lorsque les rayons sont moins forts. Évitez de laisser la pierre exposée au soleil en plein midi car cela peut endommager certaines pierres. Cette méthode est particulièrement efficace pour les pierres claires comme le quartz ou l'améthyste.

La Lumière Lunaire

Placez la pierre à la lumière de la pleine lune pendant toute une nuit, de préférence près d'une fenêtre ou à l'extérieur. Cette méthode convient à toutes les pierres, en particulier celles qui sont liées à la lune, comme la labradorite ou la pierre de lune.

La Terre

Enterrez la pierre dans le sol pendant quelques heures ou toute une nuit. La terre est une source d'énergie naturelle qui peut aider à recharger les pierres. Cette méthode convient à toutes les pierres, en particulier celles qui sont liées à la terre, comme la tourmaline ou l'obsidienne.

Le Sel

Placez la pierre dans un bol rempli de sel pendant quelques heures ou toute une nuit. Le sel est un purificateur naturel qui peut éliminer les énergies négatives qui se sont accumulées dans la pierre. Cette méthode convient à toutes les pierres, mais évitez de l'utiliser pour les pierres qui sont poreuses ou qui peuvent être endommagées par le sel.

Il est important de noter que toutes les pierres ne réagissent pas de la même manière à ces méthodes de recharge, certaines pierres peuvent même être endommagées par certaines méthodes. Il est donc recommandé de se renseigner sur la pierre que vous souhaitez recharger avant de choisir une méthode.

En résumé, la recharge des pierres précieuses est une étape importante pour leur permettre de retrouver leur pleine puissance énergétique. Les méthodes les plus courantes sont la lumière solaire, la lumière lunaire, la terre et le sel. Choisissez celle qui convient le mieux à votre pierre, et rechargez-la régulièrement pour profiter de tous ses bienfaits.

Les pierres précieuses, comme les cristaux, ont des propriétés énergétiques qui peuvent s'affaiblir avec le temps ou à force d'utilisation. Lorsque vous utilisez une pierre pour des pratiques de guérison ou de méditation, elle peut absorber des énergies négatives, des blocages émotionnels ou des perturbations environnementales. Le rechargement permet de nettoyer et de renforcer les propriétés énergétiques de la pierre, pour qu'elle retrouve son énergie naturelle et qu'elle puisse continuer à vous apporter ses bienfaits.

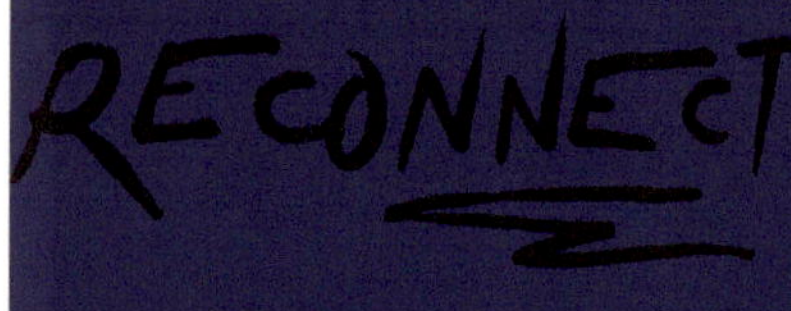

Le rechargement des pierres précieuses peut également aider à équilibrer et à harmoniser les chakras et les énergies du corps. En utilisant une pierre qui a été rechargée et nettoyée, vous pouvez améliorer votre état émotionnel et physique, augmenter votre intuition et votre créativité, et renforcer votre système immunitaire.

Voici quelques-uns des principaux bénéfices que vous pouvez obtenir en rechargeant régulièrement vos pierres précieuses :

- Augmentation de l'énergie et de la vitalité
- Purification des énergies négatives et des blocages émotionnels
- Amélioration de l'état émotionnel et physique
- Renforcement de l'intuition et de la créativité
- Harmonisation des chakras et des énergies du corps
- Renforcement du système immunitaire

En résumé, le rechargement des pierres précieuses est une pratique importante pour maintenir leur énergie et leurs propriétés énergétiques optimales. Cela permet de nettoyer les énergies négatives et les blocages émotionnels, d'équilibrer les chakras et les énergies du corps, et d'améliorer l'état émotionnel et physique. En rechargeant régulièrement vos pierres précieuses, vous pouvez bénéficier de leurs propriétés curatives et énergétiques de manière plus efficace.

POURQUOI ET COMMENT UTILISER LES CRISTAUX ?

Les pierres précieuses ont été appréciées pour leur beauté et leur rareté. Mais au-delà de leur valeur esthétique, elles ont également été utilisées pour leurs bienfaits sur la santé et le bien-être.

Équilibre émotionnel

De nombreuses pierres précieuses ont des propriétés calmantes et apaisantes qui aident à réduire le stress et l'anxiété. Par exemple, l'améthyste est connue pour aider à calmer l'esprit et à favoriser un sommeil réparateur, tandis que la citrine est censée aider à renforcer la confiance en soi et à promouvoir un sentiment de positivité.

Guérison physique

Les pierres précieuses sont également utilisées pour aider à guérir une variété de problèmes physiques. La pierre de lune est censée aider à réguler les hormones et à améliorer la fertilité, tandis que la tourmaline noire est censée aider à soulager les douleurs articulaires et musculaires.

Énergie et vitalité

Certaines pierres précieuses sont censées aider à augmenter l'énergie et la vitalité. Le rubis est connu pour aider à stimuler la circulation sanguine et à renforcer le système immunitaire, tandis que l'hématite est censée aider à améliorer la concentration et à favoriser la clarté mentale

Protection

De nombreuses pierres précieuses sont considérées comme ayant des propriétés de protection contre les énergies négatives. La tourmaline noire est censée aider à absorber les énergies négatives et à protéger contre les radiations électromagnétiques, tandis que la pierre de lune est censée aider à protéger contre les cauchemars et à promouvoir des rêves paisibles.

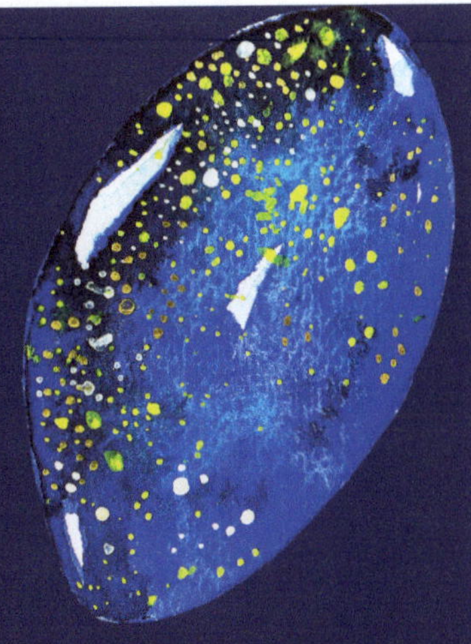

Spiritualité

Les pierres précieuses ont également été utilisées pour leur lien avec la spiritualité et les pratiques religieuses. Le lapis-lazuli, par exemple, est considéré comme une pierre sacrée dans de nombreuses cultures et est censé aider à ouvrir le troisième œil et à améliorer la compréhension spirituelle.

63

Les cristaux sont utilisés depuis des milliers d'années pour leurs propriétés curatives et énergétiques. Les cristaux sont des formes de minéraux qui ont une structure atomique régulière et qui sont dotés de propriétés énergétiques spécifiques. L'utilisation de cristaux peut aider à équilibrer les énergies du corps, à améliorer l'état émotionnel et physique, et à favoriser le bien-être général.

Voici quelques-unes des raisons pour lesquelles vous devriez utiliser des cristaux :

Améliorer votre santé

Les cristaux peuvent aider à traiter diverses affections physiques et émotionnelles, notamment les maux de tête, les troubles du sommeil, l'anxiété, la dépression, les douleurs articulaires, et bien plus encore.

Renforcer votre énergie

Les cristaux ont des propriétés énergétiques qui peuvent aider à équilibrer les chakras et à renforcer les énergies du corps. En utilisant les cristaux, vous pouvez augmenter votre vitalité et votre endurance.

Favoriser le bien-être émotionnel

Les cristaux ont également des propriétés émotionnelles qui peuvent aider à calmer l'esprit, à soulager le stress et l'anxiété, et à favoriser une attitude positive.

Améliorer votre méditation

Les cristaux peuvent aider à vous concentrer et à vous relaxer pendant la méditation. Les cristaux peuvent également faciliter la connexion avec votre moi intérieur et vous aider à atteindre un état de conscience supérieure.

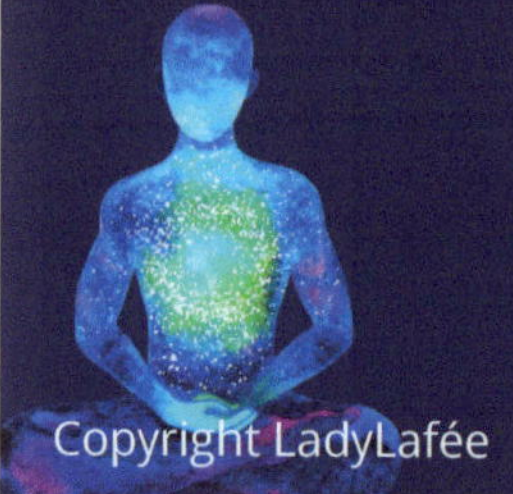

Maintenant que vous connaissez les raisons pour lesquelles vous devriez utiliser des cristaux, voici quelques-unes des façons les plus courantes de les utiliser.

Porter

Les cristaux peuvent être portés sous forme de bijoux ou dans une poche. Vous pouvez les choisir en fonction de vos besoins énergétiques et les porter sur vous tout au long de la journée.

Les placer dans votre environnement

Les cristaux peuvent être placés dans votre maison ou sur votre lieu de travail pour créer une ambiance positive et équilibrée. Vous pouvez les choisir suivant l'énergie que vous voulez apporter à votre environnement.

Utiliser pendant la méditation

ils peuvent être utilisés pendant la méditation pour aider à se concentrer et à se relaxer. Vous pouvez placer les cristaux sur vos chakras ou simplement les tenir dans vos mains pendant la méditation.

Utilisation pour le traitement énergétique

Les cristaux peuvent être utilisés pour le traitement énergétique en les plaçant sur les chakras ou les parties du corps qui nécessitent une guérison énergétique

En résumé, l'utilisation des cristaux peut améliorer votre santé, renforcer votre énergie, favoriser le bien-être émotionnel et améliorer votre méditation. Il existe plusieurs façons de les utiliser, notamment en les portant, en les plaçant dans votre environnement, en les utilisant pendant la méditation, ou pour le traitement énergétique.

Vous pouvez aussi simplement contempler vos pierres en y mettant toutes vos bonnes intentions et pensées positives

Egalement en la laissant dans un verre d'eau, y laisser agir la nuit et boire le verre d'eau au réveil du matin

En élixir, il suffit de prendre votre pierre ou cristal, et la faire macérer minimum 24h dans de l'eau de source. Puis vous pouvez mettre sur vous 3 à 5 gouttes / jour

Attention ne surtout pas mettre d'eau minérale

Recommandations,

Faites des recherches sur la pierre que vous souhaitez utiliser pour comprendre ses propriétés et ses effets sur le corps

Évitez d'utiliser des pierres toxiques ou dangereuses telles que la cérusite, l'Arsénopyrite ou la Stibnite.

Lavez les pierres avant de les utiliser pour éliminer toute saleté ou impureté

Évitez de porter des pierres précieuses pendant de longues périodes de temps, surtout la nuit

Évitez d'utiliser des pierres précieuses comme substitut à un traitement médical approprié

Evitez de partager vos pierres avec d'autres personnes pour éviter la propagation de bactéries ou de maladies

Stockez vos pierres précieuses dans un endroit sûr et sec pour éviter les dommages

73

ALORS PIERRES PRECIEUSES MYTHE OU RÉALITÉ?

Myth

74

Depuis des milliers d'années, les pierres précieuses ont fasciné les humains. Leur beauté, leur rareté et leur valeur en ont fait des objets de désir convoités par les riches et les puissants. Mais au-delà de leur aspect physique, celles-ci ont également été entourées de nombreux mythes et légendes.

Dans de nombreuses cultures à travers le monde, elles étaient considérées comme ayant des pouvoirs magiques et mystiques. Par exemple, les anciens Égyptiens croyaient que le lapis-lazuli avait le pouvoir de protéger l'âme après la mort, tandis que les Romains pensaient que le saphir était un talisman de protection contre les ennemis.

Dans la mythologie grecque, les pierres précieuses étaient associées aux dieux et aux déesses. La topaze, par exemple, était associée à Apollon, le dieu du soleil, tandis que la cornaline était associée à Aphrodite, la déesse de l'amour et de la beauté.

Mais au-delà de leur statut mythique, les pierres précieuses ont également une réalité physique. Elles sont formées dans les profondeurs de la Terre, sous des conditions extrêmes de chaleur et de pression. Certaines, comme les diamants, sont formées à des profondeurs telles qu'elles ne peuvent être extraites que par des mines profondes.

En plus de leur beauté, les pierres ont également des propriétés physiques et chimiques uniques qui les distinguent des autres minéraux. Par exemple, les diamants sont les minéraux les plus durs connus de l'homme, tandis que les émeraudes sont connues pour leur couleur verte distinctive.

En fin de compte, les pierres précieuses sont à la fois un mythe et une réalité. Elles ont été vénérées et convoitées pour leur beauté et leur signification symbolique pendant des millénaires, mais elles ont également une réalité physique et chimique qui les rendent uniques . Quelle que soit leur signification personnelle ou culturelle, il est indéniable que ces pierres continuent d'exercer une fascination sur les gens du monde entier.

RESUME

"Le pouvoir des pierres précieuses" est un ebook captivant qui révèle les secrets mystiques des gemmes et leur influence sur notre bien-être. Plongez dans un voyage fascinant à travers l'histoire ancienne et les propriétés uniques des pierres. Découvrez comment ces joyaux extraordinaires peuvent équilibrer votre esprit, guérir votre corps et élever votre conscience.

Préparez-vous à explorer un monde enchanteur où la magie vous attend pour vous transformer.

www.ingramcontent.com/pod-product-compliance
Lightning Source LLC
Chambersburg PA
CBHW040226240726
48664CB00001B/19